Udo Lange · Thomas Stadelmann

Kunst ohne Dach

Das Kind ist erfüllt, überfüllt von Bildern, die es bedrängen, die es loswerden muss, um sich in dieser Welt zurechtzufinden. Sein Zeichnen ist eine biologische Notwendigkeit. Es zeichnet, wie es läuft, wie es spricht. Es muss das Gesehene, das Erlebte, das Gewünschte, das Geträumte, das Feindliche, das Freundliche aussprechen, umsetzen, bannen, festhalten.

Paul Klee

Udo Lange · Thomas Stadelmann

KUNST
OHNE DACH

Künstlerisches Arbeiten im Freien

verlag das netz
Weimar

Bitte richten Sie Ihre Wünsche, Kritiken und Fragen an:
verlag das netz
Nummer 51
99441 Kiliansroda/Weimar
Telefon: +49 36453.71 40
Telefax: +49 36453.71 412
E-Mail: info@verlagdasnetz.de

ISBN 978-3-86892-090-1

Lektorat: J. Klennert, E. Bertold
Gestaltung: Jens Klennert, Tania Miguez
Fotos: Bildarchiv Kita Rieselfeld, Bildarchiv BAGAGE. e.V.
Druck und Bindung: Förster & Borries, Zwickau
Printed in Germany

Weitere Informationen finden Sie unter www.verlagdasnetz.de

Inhalt

Einführung

Viele spielerische Aktivitäten, die auf dem Außenspielgelände einer Kita stattfinden, waren früher selbstverständlich, sind es heute aber leider nicht mehr. Zugang zu natürlichen Ressourcen und Spielorten finden Kinder zumindest in den Städten oft nur noch schwer. Doch die Kunst kann helfen, wieder sehen zu lernen, die Wahrnehmung zu schärfen und Interesse für die Schönheit der Natur zu wecken.

Materialien, die die Natur bietet, können Sie als Ausgangspunkt Ihres Arbeitens nutzen: Mutterboden aus dem Neubaugebiet, Lehm aus dem Acker des benachbarten Bauern oder aus dem Baggersee, Stecken, Äste und Zweige, die auf Spaziergängen gesammelt wurden. Solche Materialien lassen sich aus ihrem direkten Bedeutungszusammenhang herauslösen, mit Naturpigmenten oder Gips kombinieren und mit Elementen wie dem Feuer transformieren. Dabei entstehen einzigartige Objekte und immer wieder neue Sinnzusammenhänge. »Kunst gibt nicht das Sichtbare wieder, sondern macht sichtbar«, sagte Paul Klee. So zeigen die Werke der Kinder, wie sie sich die Welt auf unterschiedlichste Art und Weise aneignen und in ihrer Bildsprache zum Ausdruck bringen.

Wenn Sie mit Kindern draußen arbeiten möchten, sollten Sie das Wetter beachten. Ist es zu kalt, zu nass, zu heiß oder zu windig? Egal, das richtige Wetter gibt es ohnehin nicht, sondern nur den richtigen Umgang damit. Wenn es nieselt, bauen Sie ein Dach aus mehreren Planen. Wird es kälter, ziehen Sie sich und den Kindern etwas Warmes über. Ist es nass, werden Matschhosen und Gummistiefel gebraucht. Und wenn das Wetter wirklich mal gar nichts zulässt, bleiben Sie mit den Kindern im Haus, bereiten die nächste Aktion vor oder erinnern sich gemeinsam an die vorangegangene Aktion.

Wo könnten Sie draußen etwas mit den Kindern gestalten? Suchen Sie einen Platz aus, den Sie leicht verändern können. Mit Holzsitzblöcken, die individuell bemalt sind oder kleine Nagelornamente aufweisen, lässt sich ein Ort schaffen, an dem man sich treffen, beratschlagen oder neue Methoden vorstellen kann. Wenn nötig, werden Arbeitstische aufgestellt, zum Beispiel um Materialien anschaulich zu präsentieren. Bedenken Sie, dass die sorgfältige Auswahl der Materialien und deren ästhetische Darbietung allein schon eine künstlerische Inspiration sind. Viele Arbeiten im Freien erfordern jedoch keine Tische und Stühle, sondern können direkt auf dem Boden stattfinden, allenfalls auf einer Decke oder Plane.

Wenn Sie – wie wir bei den Beispielen in diesem Buch – mit bis zu 120 Kindern und 20 Erwachsenen arbeiten, dann ist es wichtig, dass Sie Atelier- und Werkstattbereiche parallel entwickeln. Lassen Sie den Kindern Zeit und wiederholen Sie mit ihnen Tätigkeiten, damit sie ihren eigenen Rhythmus finden und die Besonderheiten des Arbeitens unter freiem Himmel erleben können. Schaffen Sie Ruheinseln, damit die Kinder neue Kraft schöpfen, beobachten und von ihren Gefährten lernen können. Sorgen Sie dafür, dass die Kinder sich am Lagerfeuer mit Stockbrot oder an der Verpflegungsstation mit Tee stärken können. Und vor allem: Haben Sie Spaß am künstlerischen Arbeiten im Freien.

Künstlerisches Gestalten und Bildungsprozesse

Jedes Kind ist von Geburt an auf Lernen programmiert, es lernt immer. Indem es seine Umwelt wahrnimmt und beobachtet, sie gestalterisch verarbeitet, sie spielerisch erprobt und Zusammenhänge entdeckt, begreift es die Welt zunehmend besser. Um innere Bilder und ein tieferes Verständnis zu entwickeln, braucht das Kind den konkreten Umgang mit den Dingen. Sein Erkennen ist immer mit Tun verbunden. Gestalterisch-schöpferische Tätigkeiten fördern die Entwicklung einer differenzierten Wahrnehmungsfähigkeit in besonderer Weise und geben dem Denken des Kindes sichtbaren Ausdruck.

Bereits im Kleinstkindalter hinterlassen Kinder Spuren ihres unbändigen Lern- und Gestaltungswillens: im Babybrei, im Badeschaum, im Sand, an Tapeten, auf Fensterscheiben. Seit ihren frühsten Kindertagen sind sie fasziniert von möglichen und unmöglichen Mal- und Zeichenutensilien. Mit großem Eifer und erstaunlicher Selbstverständlichkeit erkunden sie die vielfältigen Möglichkeiten von Pinsel und Farbe, den Gebrauch von Wachsmalstiften, das Formen mit Ton und Knete. Kein Gestaltungsmaterial ist vor ihrem Forscherdrang sicher, und immer stehen die Lust am Ausdruck und das Entdecken der Vielfalt von Materialien im Mittelpunkt.

Immer wieder überraschen uns die Schaffenskraft und das expressive Ausdrucksvermögen, mit dem viele Kinder ihren inneren Bildern Gestalt geben. In Reinform zeigt sich uns der schöpferische Ausdruck als eine der freiesten Möglichkeiten experimentellen Denkens. Vielleicht rührt daher die Versuchung, Bildwerke von Kindern mit denen von Künstlern zu vergleichen. Ähnlich dem Künstler besitzen Kinder zwar die Gabe, Grenzen der Wahrnehmung kraft ihrer Fantasie zu überschreiten, gewohnte Sichtweisen kreativ zu hinterfragen und zu verfremden. Doch sie eignen sich ihre Welt über schöpferischen Ausdruck unbewusst an. Künstler hingegen setzen sich bewusst mit der Welt auseinander. Daher sind Kinder keine Künstler, auch wenn uns ihre wundersamen Bildwelten tief berühren.

In ihrer Auseinandersetzung mit der Umwelt entwickeln Kinder bereits lange vor dem Eintritt in die Schule eigenständige Darstellungsformen, die in ihrer genialen Einfachheit und Authentizität Anerkennung und Bewunderung verdienen. Man kann diese Darstellungsformen auch als künstlerische »Sprachen« der Kinder bezeichnen.

Selten steht das Werk im Vordergrund. Vielmehr geht es um den Prozess der persönlichen Auseinandersetzung mit einer Vielzahl von Gestaltungsmöglichkeiten, in dem die Kinder selbstständig Erfahrungen sammeln. Erst in dieser »Erfahrungsarbeit« mit ästhetischen Mitteln findet die eigene Identität sichtbaren Ausdruck.

Alle Formen des kreativen Gestaltens beinhalten Phasen der aktivierenden Erfahrung, die nachhaltig zur Entfaltung der Persönlichkeit beitragen. Ziel der pädagogischen Arbeit sollte es daher sein, spontane kindliche Ausdrucksformen und schöpferische Prozesse miteinander zu verbinden und Raum für Fantasie und Kreativität als selbstbestimmte Möglichkeiten des Lernens, der Lebensbewältigung und des Selbstausdrucks zu geben.

Bildung und Kreativität

In der Kindheit verfügen wir über ein schier unbegrenztes Potenzial an schöpferischer Energie und kreativen Ausdrucksmöglichkeiten. Mit fortschreitendem Alter verlieren die meisten von uns dieses Potenzial leider. Wir lernen unsere Alltagsaufgaben rational zu organisieren und werden selten herausgefordert, Probleme aus unterschiedlichen Perspektiven zu betrachten. Was bleibt, ist die Sehnsucht nach diesem frühkindlichen, paradiesischen Zustand, in dem wir frei waren von Bewertungen im Umgang mit Wahrnehmung und Ausdruck.

Dies spiegelt sich vor allem im gängigen Schulalltag. Die Verfechter der Stärkung kultureller und ästhetischer Bildung an unseren Schulen haben es noch immer nicht leicht. Vor allem die ästhetische Bildung wird häufig als Luxusgut deklariert, auf das man zugunsten »effektiverer« und »nützlicherer« Lernangebote getrost verzichten kann. Angesichts knapper Haushaltsmittel und Personalressourcen schwindet das Stundendeputat für Unterrichtseinheiten, die künstlerisch-kreative Ausdrucksformen unterstützen und provozieren. Mit Blick auf die globalen Herausforderungen der modernen Wissensgesellschaft werden Lernformen favorisiert, die auf den ersten Blick vor allem als beruflich verwertbar gelten. Lösungsansätze aus unterschiedlichen Perspektiven zu betrachten und zu durchdenken, das wird häufig als Störfaktor empfunden. Kreative Kinder und Jugendliche gelten als unbequem, ihre unkonventionellen Denkstrategien und eigenwilligen Ausdrucksformen sprengen den curricularen Rahmen isolierter Unterrichtsstunden.

»Kreatives Denken ist in erster Linie befreites Denken«, postuliert Hartmut von Hentig in seinem Essay zur Kreativität. Er ruft die Schule auf, verfestigte Organisationsstrukturen aufzulösen und mit den Schülern kreative Schaffensprozesse zu initiieren, die jenseits bekannter Gestaltungstechniken liegen. Die Schule darf sich nicht ausschließlich als Ort definieren, an dem der erfolgskontrollierte Wissenserwerb und die stoffliche Belehrung im Zentrum stehen. Die eindimensionale und isolierte »Vermittlung« von Faktenwissen ist ein Ausdruck von Verarmung und verhindert eigenständiges und schöpferisches Denken.

Wir müssen uns neben den technischen auch den kulturellen Herausforderungen stellen, um als Gesellschaft zukunftsfähig und menschlich zu bleiben. Qualitätsvolle kulturelle und ästhetische Bildung eröffnet andere Blickwinkel und schafft Freiräume für die Kraft der gestalterischen Fantasie.

Laut Hartmut von Hentig lässt sich Kreativität nicht »anerziehen«; sie muss sich »ereignen«. Wir können Bedingungen schaffen, die solche Ereignisse nicht verhindern, sondern fördern. Kreativität ist keine besondere Begabung, sondern ein Potenzial, das in jedem Menschen angelegt ist. Sie ist in unserem Innersten begründet und entsteht im Schaffensprozess. Somit rückt der Kreativitätsbegriff in die Nähe des Bildungsbegriffs.

Die Gemeinsamkeiten von Bildung und Kreativität verblüffen geradezu. Beide ermöglichen die Horizonterweiterung, die Wahrnehmung von Unterschieden, das Verknüpfen von Assoziationen und die Flexibilität des Denkens. Beide werden von der Einsicht in eigene Fähigkeiten und Grenzen begleitet.

Bildung und Kreativität basieren auf Selbsttätigkeit und dem Erleben von Selbstwirksamkeit. Sie sind geprägt vom Vertrauen in die eigenen Lebensenergien und Gestaltungskräfte.

»Einer Kulturgesellschaft müsste es darum gehen, aus der reparierenden sozialen Arbeit eine die Gesellschaft gestaltende zu machen: Selbstverantwortung, Vertrauen, Hingabe, Eigeninitiative, immer wieder anfangen, experimentieren, ausprobieren, verwerfen. Das sind elementare Arbeits- und Denkweisen, die die Künste motivieren«, sagte Adrienne Goehler, ehemalige Präsidentin der Hochschule für Künste in Hamburg und Kultursenatorin in Berlin.

Sich ausdrücken zu können bedeutet, Bedürfnissen und Wünschen, Gedanken und Gefühlen, Erkenntnissen und Vermutungen eine äußere, für die Umwelt wahrnehmbare Gestalt geben zu können. Dies kann nonverbal, verbal und kreativ geschehen.

Der italienische Pädagoge Loris Malaguzzi beschrieb die »hundert Sprachen der Kinder«, deren meiste wir im pädagogischen Alltag unterdrücken. Er verstand sich als »Provokateur in Sachen Kindheit«. Die von ihm geprägte Reggio-Pädagogik stellt das wahrnehmende, forschende und lernende Kind mit der Gesamtheit seiner Erfahrungen und Ausdrucksmöglichkeiten in den Mittelpunkt. Sein Konzept experimenteller Pädagogik findet inzwischen weltweite Anerkennung.

Auch heute betonen die Vertreter dieses kindzentrierten Bildungsansatzes die Wechselwirkung von Lernen und Lehren, Begleiten und Leiten, Individualität und Gemeinschaft. Sie definieren das Kind nicht als passiven Konsumenten von Wissensbeständen, sondern stärken es als Akteur, Konstrukteur und Protagonisten. In fachlich begleiteten Atelier- und Werkstattbereichen oder Projekten regen Pädagoginnen und Künstler differenzierte Lern- und Erkenntnisprozesse an, in denen Kinder ihrem Denken, ihren Hypothesen und Fragen kreativ-expressiven Ausdruck geben. In Gestaltungsprozessen finden Vorstellungen und Ideen ihren Weg aus den Köpfen der Kinder und werden in ihrer Vielfalt sichtbar. Unsichtbare Gedanken verwandeln sich in sichtbare Bildwerke, die wiederum zu Ausgangspunkten für Dialog und Kommunikation werden.

Kinder denken in Bildern und drücken sich in Bildwerken aus. Dieser Form bildhaften Denkens gilt es, Raum, Zeit und Material zu geben, damit die Kinder ihre Gedanken und Ideen wirklich zum Ausdruck bringen können.

Sollen diese neuen Vorstellungen vom Lernen in die pädagogischen Institutionen integriert werden, soll der eigenständige und aktive Prozess der Selbstbildung gebührenden Raum erhalten, dann müssen wir vor allem ästhetische Zugangsweisen ermöglichen und ästhetische Darstellungsformen unterstützen, damit sie zum selbstverständlichen Bestandteil individueller Lernaktivitäten werden. Wir müssen die Kinder ermutigen, die

Wiedergabe ihrer Lernerfahrungen nicht ausschließlich auf verbalen und schriftlichen Ausdruck zu beschränken, sondern ihre Lernschritte und Erkenntnisse auch mit schöpferisch-kreativen Mitteln darzustellen und sie auf diese Weise sichtbar zu machen.

Um die Qualität des ästhetischen Lernens und der kulturellen Bildung in pädagogischen Einrichtungen zu sichern, bedarf es allerdings einer fundierten und differenzierten Ausbildung des Personals. Dies betrifft die eigene ästhetische Praxis, das ästhetische Urteilsvermögen und die Kenntnis der verschiedenen künstlerischen Sprachen. Die Erfahrung zeigt, dass Pädagoginnen und Pädagogen das kreative Potenzial von Kindern vor allem dann fördern, wenn sie künstlerisch aus- und weitergebildet wurden. Je differenzierter ihr Wissen um Ausdrucksformen und Möglichkeiten kindlicher Gestaltungsprozesse ist, desto kompetenter können sie Kinder bei der Suche nach Selbstausdruck begleiten und unterstützen. Negative Erfahrungen mit dem rigiden, oftmals fremdbestimmten »Kunstunterricht« der eigenen Schulzeit wurden aufgearbeitet und sind keine Hindernisse mehr.

Auf der Suche nach einer neuen Lernkultur

Geht man von der Grundannahme aus, dass Bildung immer auf die umfassende und ganzheitliche Unterstützung der kindlichen Erkenntnisfähigkeit und Persönlichkeit zielt, sind Bildungsprozesse und Kreativität eng miteinander verbunden. Hier deutet sich ein besonderer Zugang zur Welt an, der sich nicht ausschließlich an der Logik orientiert. Künstlerische Ausdrucksmittel ermöglichen dem Kind Wirklichkeitsdeutungen, die in ihrer Komplexität und Vieldeutigkeit die Aussage rationaler Mitteilungsformen häufig übersteigen. Ästhetische

Gestaltungselemente und Zugänge gestatten ihm die subjektive Deutung von Wirklichkeit und aktivieren seine selbstbildenden Kräfte, die auf den Prinzipien der unmittelbaren Erfahrbarkeit und Selbstwirksamkeit basieren.

Beim bildnerischen Gestalten werden neben dem lustvollen Ausdruck auch eigenständige Zugangsformen und Lernstrategien unterstützt und stabilisiert. In selbstständigen Gestaltungsprozessen erschließt sich das Kind seine Welt und macht seine eigenwilligen Interpretationen und Lösungsansätze sichtbar.

Wir müssen uns stärker auf das Erleben des Kindes konzentrieren, wenn Lern- und Bildungsprozesse erfolgreich verlaufen sollen. In den Bildwerken des Kindes offenbart sich für uns die Möglichkeit, ihm respektvoll ge-

genüber zu treten und unser »drittes Auge« zu öffnen, um hinter dem Sichtbaren das Unsichtbare zu entdecken.

Besonders im Team der Kindertagesstätte in Freiburg-Rieselfeld fanden wir einen Partner, der – neben unserer Zusammenarbeit in den Atelier- und Werkstattbereichen der Innenräume – auch an der Umsetzung und praktischen Erprobung künstlerischer Techniken im Außengelände interessiert war.

In Projektwochen und an Aktionstagen wurde der pädagogische Alltag durch die Kunst bestimmt. Alle 120 Kinder im Alter von einem bis zu zehn Jahren und alle 20 Erzieherinnen und Erzieher nahmen daran teil. Entscheidend für den Erfolg war, dass die Pädagoginnen und Pädagogen selbst kreativ tätig wurden, denn vor dem Vermitteln und Anleiten steht zunächst das eigene Erleben. Beim eigenen schöpferischen Tun und in der aktiven Auseinandersetzung mit den vielfältigen Materialien erfuhren und überprüften die Erwachsenen Prinzipien des künstlerischen Denkens und Handelns unmittelbar. Überraschende Materialexperimente und schöpferische Herausforderungen animierten sie, unterschiedliche Handlungsoptionen und den Transfer in die pädagogische Praxis im kollegialen Austausch zu testen.

Im Mittelpunkt standen immer authentische ästhetische Erfahrungen, nie ging es um plakative Ergebnisse. Unser Anliegen war es, verfestigte Vorstellungen und Organisationsstrukturen aufzubrechen, um den persönlichen Zugang zum ästhetischen Lernen zu erleichtern und den schöpferischen Ausdruck jenseits konventioneller Gestaltungstechniken zu stärken. Auf diese Weise wollten wir Ansätze einer innovativen Pädagogik vermitteln, die den Alltag bereichert – auf Augenhöhe mit den Kindern.

Im pädagogischen und familiären Umfeld brauchen Kinder Orte und Experimentierfelder, um eigene kulturell-ästhetische Ausdrucksformen zu finden und zu erproben. Dies gilt vor allem für Kinder mit besonderen Entwicklungsbedürfnissen und Migrationshintergrund. Im Rahmen der Atelier- und Werkstattpädagogik erleben sie Kompetenzzuwachs, ästhetische Autonomie und bekommen die Chance, sich täglich neu zu erfinden und neue Handlungsräume zu entdecken. Ihr Repertoire kreativer Gestaltungsformen kann sich nachhaltig erweitern – fernab aller gängigen Klischees und als eine der schönsten Möglichkeiten, Bildung neu zu erfahren.

Probieren Sie es aus und nutzen Sie unsere Ideen. Viel Spaß dabei wünschen

Udo Lange und Thomas Stadelmann
Pädagogische Ideenwerkstatt BAGAGE e.V. Freiburg

Schattenbilder

Auf einer langen Tapetenrolle werden Schatten unterschiedlichster Art mit wasserfester Tusche fixiert. Die Tapete wird dafür immer wieder zusammengerollt und anders positioniert, um möglichst viele Schatten zu sammeln.

Sind genügend Schattenzeichnungen auf der Tapete, werden einzelne Ausschnitte ausgewählt und mit Ölkreiden weiterbearbeitet. Einen bildnerischen Halt erfahren die Werke durch die Einfärbung der Tapetenstücke mit Beize. Es sollte nur ein Farbton der Beize verwendet und diese ganzflächig aufgetragen werden.

Tipp:

Beim Schattensammeln darauf achten, dass neben den amorphen Formen der Natur von den Bäumen und Sträuchern auch architektonische Elemente wie Vorbauten, Stangen, Zäune etc. ein formales Gegengewicht darstellen. Die Mischung macht es.

Materialien:

Tapetenrolle oder Packpapier, schwarze wasserfeste Tusche, Ölkreiden, Beize, Pinsel, Gläser

JAXON
JAXON
JAXON

Windbräute

Jackson Pollock hat es uns vorgemacht. Seine Drippings haben nicht nur die Kunstwelt bewegt, sondern machen auch Kindern und Jugendlichen viel Spaß. Auf einer Folie wird Farbe gedrippt. Allein schon für diesen Vorgang sollte genügend Zeit einplant werden, weil die Farbe abtrocknen muss. Danach werden die trockenen Folien in Bahnen geschnitten und an einen Ring aus Weidenzweigen geknotet. Ein Angelwirbel sorgt dafür, dass sich die Windbräute frei im Wind bewegen, ohne zu verknoten.

Tipp:

Besonders schön ist es, wenn sich die Windbräute in vielfacher Begleitung befinden.

Materialien:

Folie, Acrylfarbe, Pinsel oder kleine Stöcke, Gläser, Scheren, Angelwirbel, Schnur

H

Holzsitzblöcke

Die individuelle Bearbeitung von Sitzblöcken ist etwas ganz Besonderes. Die Holzscheiben im Durchmesser zwischen 25 und 40 cm und einer Höhe zwischen 30 und 45 cm machen es einfach, schnell kleine und größere Sitzkreise aufzustellen.

Die leichteren Scheiben aus dem Holz der Douglasie sowie das schwere und deutlich länger haltbare Robinienholz eignen sich am besten. Nachdem die Stammabschnitte abgeschliffen sind, werden sie mit Acrylfarbe bemalt. Individuelle Nagelmotive ergänzen die Gestaltung.

Tipp:

Bei den Nägeln auf große Köpfe achten und sie so nageln, dass sie bündig mit dem Holz sind. Um die Haltbarkeit zu verlängern, empfiehlt es sich, im Winter die Blöcke zu stapeln und unter einem Dach oder Überstand zu lagern.

Materialien:

Baumscheibenabschnitte in verschiedenen Größen, Acrylfarben, Pinsel, Gläser, Hämmer, Dachpappnägel, Beißzange

Luci

Regenbogenfahnen

Die Fahnentücher werden im Vorfeld der Aktion genäht. Die längliche Form und die seitlich eingenähte Führung ermöglichen es, die Fahnen zum Beispiel auf lange Haselnussstecken zu ziehen und aufzustellen oder sie mit einer Schnur zu versehen. Es empfiehlt sich, ein Thema zu setzen und zuvor Entwürfe zu fertigen.

Für diesse Arbeit eignen sich vor allem Stoffmalfarben. Diese leuchten am besten, sind gut miteinander mischbar und sind am haltbarsten.

Da die Farbe den Stoff durchschlägt, empfiehlt es sich, beim Bemalen eine Unterlage zu verwenden.

Tipp:

Wer mehr zu der Regenbogenfahnenbewegung weltweit wissen möchte, schaut auf www.rainbowproject.ch.

Materialien:

Baumwollstoff, Stoffmalfarbe, Gläser, Pinsel

Zeichenkohle herstellen

Eigene Malutensilien herstellen, ist nicht mehr selbstverständlich. Um diese Grundkenntnisse zu bewahren, sollten wir sie immer wieder im gemeinsamen Tun praktizieren. Dafür werden Haselnussstöcke geschnitten, entlaubt, geschält und in etwa gleichgroße Stücke geteilt. Dann werden sie in eine Blechdose mit Deckel gelegt. In den Deckel der Dose werden mit langen Nägeln Löcher gehämmert. Es wird ein Feuer entfacht, und wenn ausreichend Glut vorhanden ist, wird die geschlossene Dose ins Feuer gelegt. Nach etwa 15 bis 25 Minuten – je nach Stärke der Stöcke – wird die Dose aus dem Feuer genommen. Wenn sie abgekühlt ist, wird sie geöffnet. Das sollte gemeinsam geschehen, damit die Metamorphose vom Stock zum Zeichengerät von den Kindern erlebt werden kann.

Tipp:

Während der Wartezeit schmeckt am Feuer wunderbar ein Stockbrot.

Materialien:

Haselnussstecken, Rebscheren, Meterstab, Dose z.B. leere Keksdose, Nagel, Hammer, Feuer

Kohlezeichnungen

Die selbst hergestellte Zeichenkohle will gleich ausprobiert werden. Dafür sollte genügend Zeit zur Verfügung stehen, damit im Prozess ein bildnerisches Werk entstehen kann. Große Papierbögen auf einem festen Untergrund sind dafür notwendig.

Um die Zeichenkohle dauerhaft auf dem Papier zu erhalten, muss sie am Ende des Zeichenprojektes fixiert werden. Wer kein teures Fixativ kaufen will, kann sich mit Haarspray behelfen. Es sollte darauf geachtet werden, dass das Fixativ nicht zu nah am Blatt gesprayt wird und dass es nicht tropft.

Tipp:

Mit erdfarbenen Kreiden können zusätzliche Akzente gesetzt werden.

Materialien:

Selbsthergestellte Zeichenkohle, Zeichenpapier, Fixativ oder Haarspray

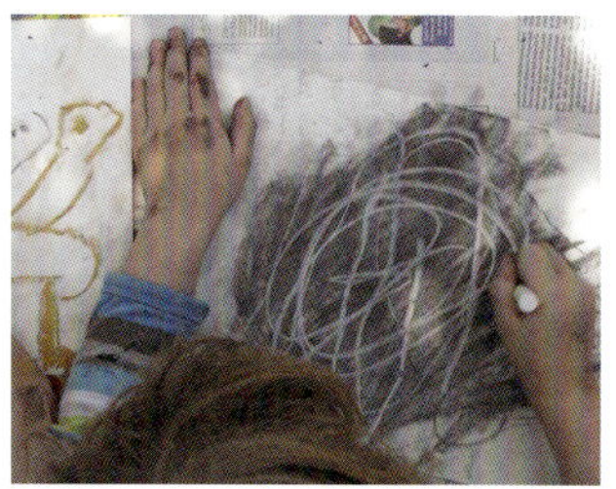

Drahtkugeln

Silberdraht wird gleichmäßig um Zeitungspapier gewickelt, bis sich eine Kugel bildet. Diese wird dann mit dem Draht fest an einen langen Stock gebunden und in ein Feuer gehalten. Zum Beobachten, wie sich der Silberdraht in einen schwarzen Draht verwandelt, muss man sich Zeit nehmen.

Wenn das Zeitungspapier verbrannt ist, wird die Kugel aus dem Feuer genommen und im bereitgestellten Wassereimer abgelöscht. Weil die Kugel etwas fragil ist, wird sie aufgehängt. Dann werden gemeinsam gesammelte Kiesel bemalt und vorsichtig in die Kugel hineingelegt. Jetzt können mit den Kugeln Bäume oder großen Sträucher geschmückt werden.

Tipp:

Zum Schneiden des Drahtes eine Drahtzange verwenden.

Materialien:

Silberdraht, Drahtzange, Zeitungspapier, Kieselsteine, Acrylfarbe, Pinsel, Gläser

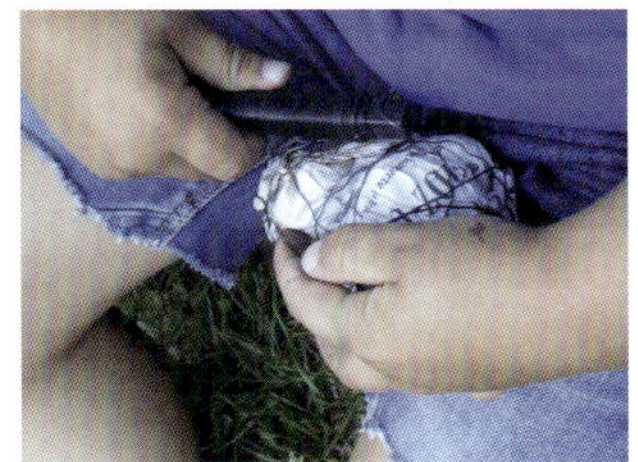

Blumen als Kunst

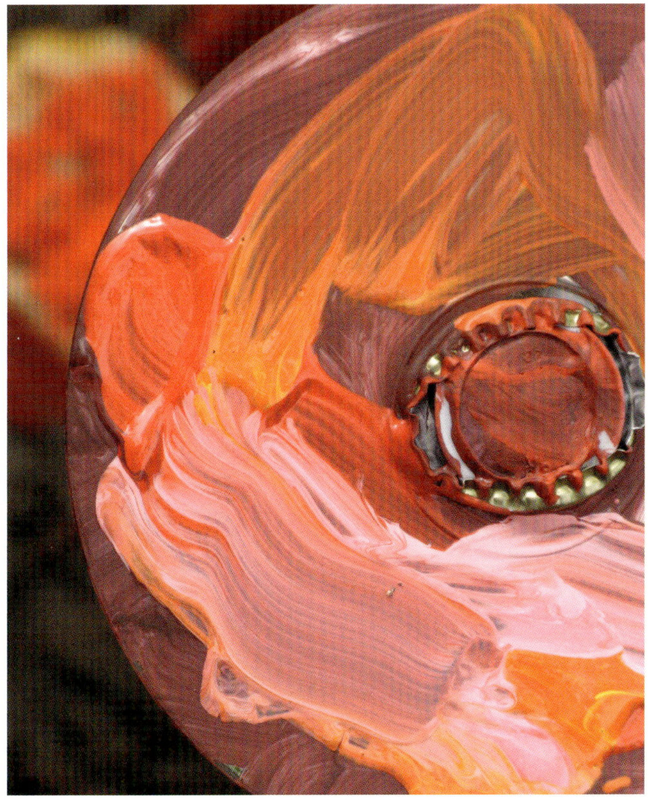

Alltagsmaterialien wie Autoschwämme, CDs, Kronkorken lassen sich mit Gipsbinden, Stöcken, Draht und Farbe in eigenwillige Blumenbeete verwandeln.

Die Wirkung dieser Objekte ist besonders beeindruckend, wenn sie in großer Menge arrangiert werden.

Tipp:

Das Kleben mit der Klebepistole sollte von einem Erwachsenen erledigt werden.

Materialien:

CDs, Kronkorken, Schwämme, Scheren, Heißkleber, Stöcke, Acrylfarben, Pinsel, Papier, Kleister, Schnur, Wolle, Folie

Malen mit Zweigen

Hier ist ganzkörperlicher Einsatz gefordert. Nachdem die Zweige geschnitten sind, wird die Farbe mit Wasser angerührt und leicht verdünnt.

Eine lange Tapetenbahn bildet den Malgrund. Die Zweige werden in die Farbe getaucht und auf die Papierbahn aufgebracht. So entstehen viele Motive.

Nach dem Trocknen werden die schönsten Teile ausgeschnitten. Mit Papierblumen oder anderen Objekten werden die Bildwerke beklebt und ergänzt.

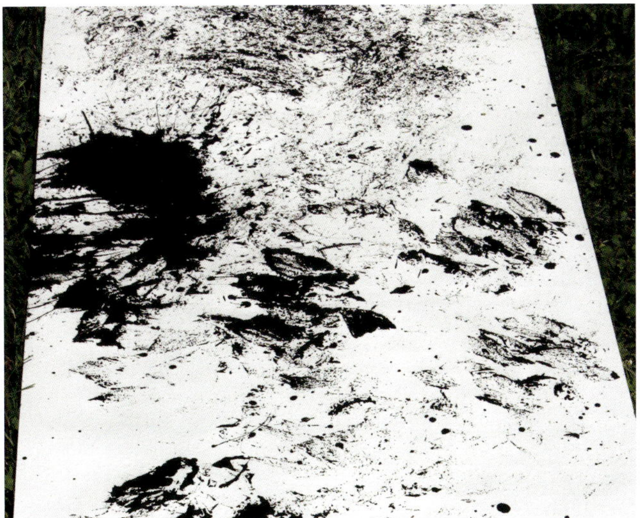

Tipp:

Die ausgewählten Details aus der Tapetenbahn für die weitere Bearbeitung nicht zu klein auswählen.

Materialien:

Rauhfasertapete, schwarze Acrylfarbe, Zweige, Astschere, Farbwanne, Wasser, Scheren, Kleber, Blumengeschenkpapier

Weiterführende Idee:

Wer Spaß am Blumen ausschneiden und kleben gewonnen hat, nimmt eine Pappe und kann dann eine Collage kreieren.

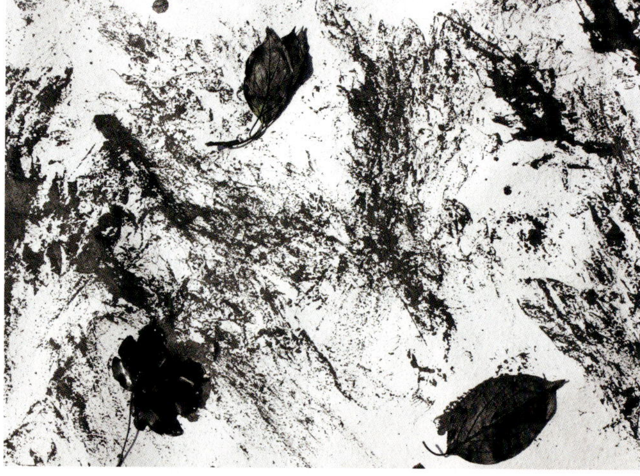

Fließbilder

Diese Technik basiert auf dem Prinzip des Zufalls. Trotzdem kann bei der Ausführung vieles gesteuert und beeinflusst werden.

Eine Holzplatte wird zunächst beidseitig grundiert. Die Farben werden in den gewünschten Tönen angemischt und so weit verflüssigt, dass sie ins Fließen kommen.

Die Farbe wird direkt aus dem Glas geschüttet oder bei größeren Flächen mit der Schöpfkelle aufgebracht.

Tipp:

Es benötigt wieder ausreichend Zeit für die Vorbereitung und auch für das Fließen der Farbe. Dabei sollte auch die Zeit zum Staunen berücksichtigt werden.

Materialien:

Holzplatte ca. 100 x 150 cm, Acrylfarben, Gläser

Weiterführende Idee:

Eine Rutsche wird mit Plastikfolie ausgelegt und abgeklebt. Dann wird mit Tapete oder Packpapier der Malgrund vorbereitet. Die Farbe wird dann wie beschrieben geschüttet. Hier ist es besser, wegen der geringeren Breite jeweils nur einen Farbton zu verwenden.

LARA
LINN

Himmelsaugen

Dünne Haselnussstecken werden vorsichtig gebogen und zusammengebunden. Hier muss aufpasst werden, dass die Stecken nicht aufspringen, Verletzungsgefahr! Danach werden die gebogenen Teile auf Packpapier aufgelegt und mit einem zusätzlichen Rand zum Verkleben ausgeschnitten. Das Packpapier wird nun um den Stock geklebt und dabei immer wieder eingeschnitten, damit das Papier auf die Rundungen passt. Für die Bemalung kann man sich dann Zeit lassen.

Tipp:

Himmelsaugen werden im Quartier verteilt und an Balkonen und Terrassen befestigen. Da lohnt sich ein Spaziergang durchs Viertel besonders.

Materialien:

Dünne, ca. 150 bis 250 cm lange Haselnussstecken, Schnur, Kleister, Packpapier, Acrylfarben, Pinsel, Gläser

Spritzbilder

Diese künstlerische Aktion ist besonders für außen geeignet. Große Papierbögen werden bemalt und dann zum Beispiel am Zaun angebracht. Farbe wird in Blumenspritzen eingefüllt und so mit Wasser verdünnt, dass die Düsen nicht verkleben.

Durch die Einstellung an den Düsen kann das Spritzen beeinflusst werden.

Tipp:

Nicht zu viel Farbe aufspritzen. Besser ein weiteres Werk beginnen.

Materialien:

Große Papierbögen am besten DIN A1 oder DIN A0, Acrylfarbe, Gläser, Blumenspritzen, Wäscheklammern

Erdschalen

Ein großer Erdhaufen ist die Basis für die Arbeit. Dabei darauf achten, dass die Erde nicht nass ist.

Die Erde wird zu kleinen Maulwurfhügeln geformt und mit Klarsichtfolie bedeckt. Der Kegel wird mit Gipsbinden abgenommen. Nach dem Trockenen werden die Schalen in Form geschnitten. Danach werden beide Seiten bemalt. Es lohnt sich, vor dem Bemalen Entwürfe anzufertigen und die Farben zu bestimmen.

Tipp:

Afrikanische Malereien können als eine Inspirationsquelle dienen.

Materialien:

Erde, Klarsichtfolie, Gipsbinden, Gipsscheren, Gipsschälchen, Wasser, Acrylfarbe, Pinsel, eventuell ein Edding

Augenbilder

Der Künstler Ernst Wilhelm Nay hat uns für diese Technik inspiriert. Seine Kreis- und Augenbilder dienen als Vorbild für eigene Arbeiten.

In einer Schüssel mit Wasser wird langsam Öl eingetropft. Das Öl schwimmt auf der Oberfläche des Wassers und bildet Kreise. Wir lassen uns von den fließenden Formen anregen und übertragen sie malerisch auf eine lange Tapetenbahn.

Mit Ölkreiden werden die Kreise umrandet und weiter ausgearbeitet. Mit farbiger Beize bekommt das Bildwerk eine tolle Leuchtkraft.

Auch können einzelne Ausschnitte der Tapetenbahn ausgewählt und ausgeschnitten werden.

Tipp:

Beim Aufbringen der Beize mit Einmalhandschuhen arbeiten!

Materialien:

Rauhfasertapete oder Packpapier, Schüssel, Öl, Acrylfarbe, Pinsel, Gläser, Pappteller, Ölkreiden, Beize, Einmalhandschuhe, Scheren

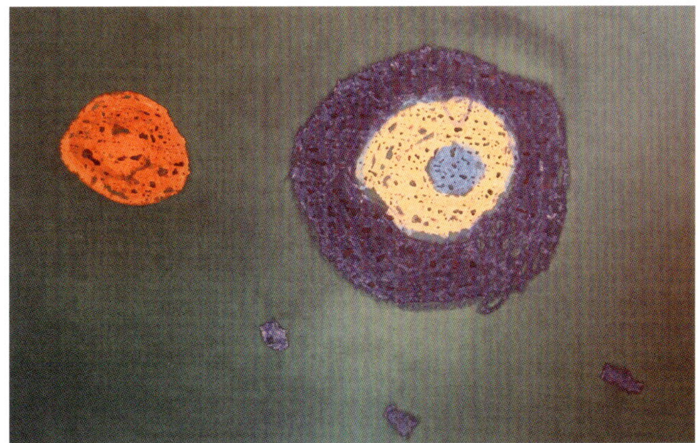

Spachtelbilder

Große, dicke Pappen eignen sich für diese Technik am besten. Farbe wird mit Kunststoffspachteln direkt auf die Pappe aufgebracht. Verschiedenartige Farbnuancen werden durch das Spachteln nun miteinander vermischt und ergeben neue Formen. Diese werden mit wasserfesten Finelinern weiter ausgearbeitet und mit Ölkreiden akzentuiert. Auch hier kann die Pappe wieder zerschnitten und so ein Ausschnitt ausgewählt werden.

Tipp:

Ein Wassereimer zum Händewaschen sollte direkt an der Aktionsstelle bereitgehalten werden.

Materialien:

Pappen, Acrylfarbe in verschiedenen Farbtönen, Spachtel in unterschiedlichen Breiten, Pappteller, Fineliner, Ölkreiden

Menschenbahn

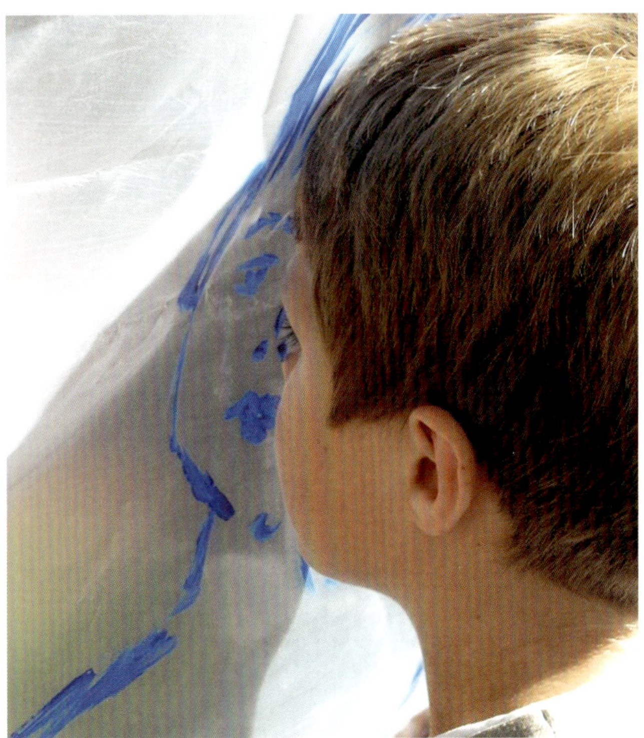

Eine lange Folie – hier waren es beinahe 60 Meter – wird durch den Garten gespannt. Ob groß oder klein – alle beim Projekt anwesenden Menschen werden auf der Folie verewigt.

Eingerollt kann die Folie gut verpackt werden und zum Beispiel bei Anlässen in der Nachbarschaft eine schöne Kulisse bilden.

Tipp:

Die Folie muss gut befestigt werden, damit sie beim Zeichnen nicht herunterfällt.

Materialien:

Folie, Acrylfarbe, Pappteller, Pinsel, Pfähle, Nägel, Hammer

ELLA

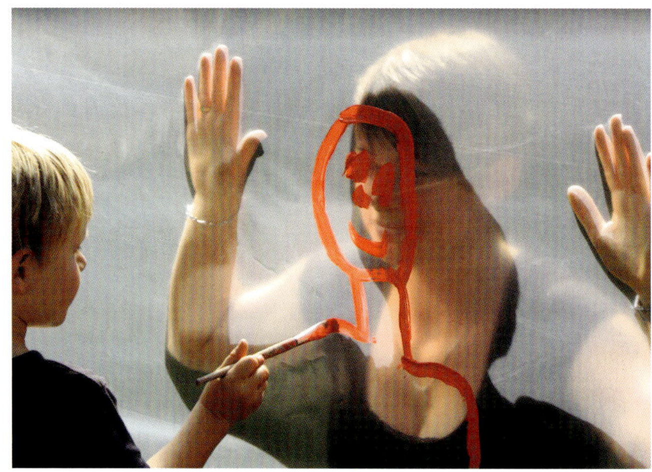

IDA

Linus

Gipsbilder

Die Arbeit mit Gips ist ein sehr sinnliches Erlebnis. Der warme Gips und die Metamorphose der Konsistenz des Materials sind wunderbare Erfahrungen für Kinder. Allerdings kann je nach Temperatur der Gips auch sehr schnell aushärten, was sich auf die Arbeitsweise und das -tempo auswirkt.

Sperrholzplatten werden zuerst einfarbig auf beiden Seiten mit Acrylfarbe grundiert. Die zuvor erarbeiteten Ideenskizzen werden auf der getrockneten Platte vorgezeichnet.

Dann wird der Gips in einer großen Wanne angerührt. Hier bitte die Gebrauchsanweisung genau beachten!

Stoffreste werden durch den Gips gezogen und auf die Platte aufgebracht. Ein zusätzliches Verkleben ist nicht notwendig. Die dreidimensionale Figur kann gut mit den Händen geformt werden. Nach dem Trocknungsprozess kann nun mit Gegenständen wie zum Beispiel unterschiedlich starke Nägel in den Gips geritzt und die endgültige Form fertiggestellt werden.

Bevor man das Objekt bemalt, sollte es noch einmal im Ganzen betrachtet und die Farbpalette darauf abgestimmt werden.

Mit einem wasserfesten Stift kann die Arbeit auch noch durch zeichnerische Elemente verstärkt werden.

Tipp:

Die Arbeit mit Gips eignet sich im Besonderen für draußen, weil sich ein Raum schwer vom feinen Gipspulver reinigen lässt. Es sollte ein Eimer mit Wasser zum Händewaschen bereitgestellt werden. Nach der Arbeit müssen die Hände mit Creme eingerieben werden, weil der Gips Feuchtigkeit entzieht.

Materialien:

Mindestens 6 mm starke Sperrholzplatte, Gips, Gipswanne, Stoffreste aus Baumwolle oder Leinen, Nägel unterschiedlicher Stärke, Acrylfarbe, Pinsel, Gläser, Wassereimer, Handcreme

WIRTSCHAFT

Handzeichen

In großen Gruppen geht das Individuelle oftmals ein wenig verloren. In dieser Werkstatt hinterlassen alle Beteiligten ihren eigenen Händeabdruck auf einer Fahne. Eine lange Wäscheleine wird im Garten aufgezogen und die Werke mit Wäscheklammern daran nebeneinander aufgehängt. So wird die individuelle Arbeit zum Gemeinschaftswerk.

Tipp:

Nehmen Sie verschiedene einfarbige Stoffe, um die bildnerische Wirkung zu verstärken.

Materialien:

Unterschiedliche einfarbige Baumwollstoffe ca. 30 x 30 cm, Acrylfarbe, Gläser, Wasser, Pinsel, Stoffmalstift, Wäscheleine, Wäscheklammern

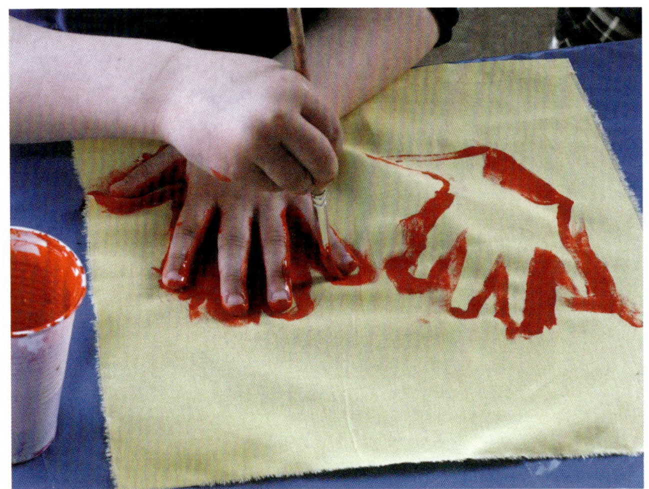

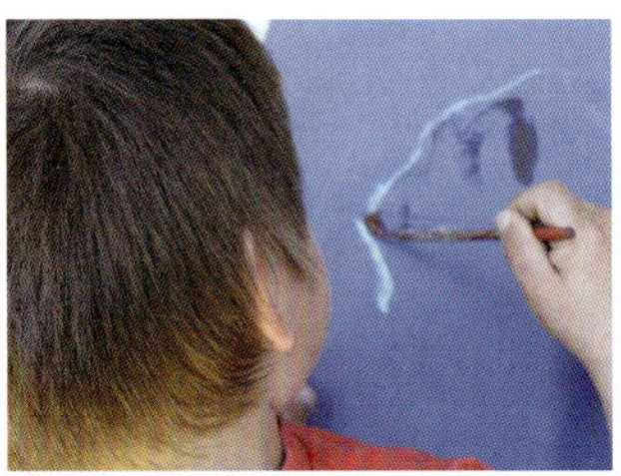

RUBEN

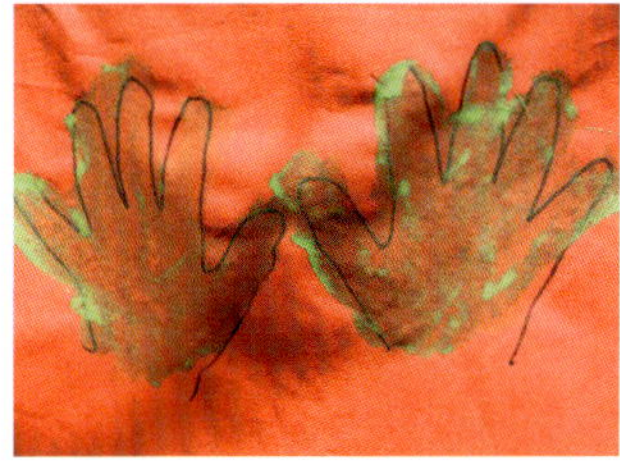

Gipsgesichter

Inspiriert von den Werken Pablo Picassos sind die Gesichter – wie vom großen Meister oft verwendet – mit Frontal- und Seitenansicht in einer Skulptur bearbeitet.

Es empfiehlt sich im Vorfeld, sich mit dem Werk des Künstlers auseinanderzusetzen und zum Beispiel Kunstkataloge, Postkarten oder Drucke mit der Gruppe anzuschauen.

Nachdem die vorbereiteten Holzsockel geschliffen sind, werden diese weiß grundiert. Danach werden mit einem Nagelbohrer die beiden Löcher für den formgebenden Draht gebohrt.

Dann wird der Kopf mit dem Draht vorgeformt und die Drahtenden am Holz mit etwas Holzleim verleimt.

Nach dem Trocknen wird der Draht mit Gipsbinden umwickelt. Dabei ist darauf zu achten, dass die Stücke nicht zu lang sind, da sie sich sonst beim Auftrag verheddern.

Je nach Witterung ist der Trocknungsprozess unterschiedlich lang. Deshalb ist es besser gleich so zu planen, dass man erst am folgenden Tag weiterarbeitet.

Jetzt kommt die Farbgebung. Zuvor sollte man sich nochmals Zeit nehmen, die Werke von Picasso und deren Details zu studieren oder die eigenen Skizzen umzusetzen.

Es hat sich bewährt, die gesamte Fläche vorn und hinten zuerst einfarbig zu grundieren und dann erst die Farben und Linien aufzusetzen.

Tipp:

Diese Werkstatt vereint sehr unterschiedliche Gewerke. Deshalb ist es leichter, wenn die Kinder bereits eine gewisse Erfahrung bei deren Ausführung haben. Besonders das Formen mit dem Draht und das Aufbringen der Gipsbindenstücke bedürfen einer besonderen Aufmerksamkeit. Draht immer mit der Drahtschere und Gipsbinden nicht mit der guten Papierschere schneiden!

Materialien:

Holzsockel z.B. 8 x 12 cm, weiße Acrylfarbe, Pinsel, Gläser, gut formbarer Draht, Drahtzange, Nagel- oder Handbohrer, Holzleim, Gipsbinden, Gipsscheren, Wasserschalen für die Gipsbindenstücke

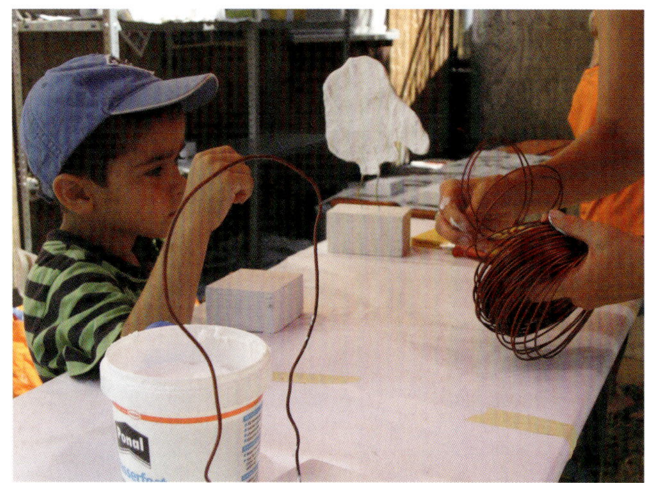
Ponal

Keramik

Geschrühte übriggebliebene Tonware einer Töpferei werden künstlerisch bearbeitet. Hier steht nicht die Funktion einer Tasse, eines Tellers oder eines Gefäßes im Vordergrund, sondern eine gemeinsam erarbeitete Farbpalette, die sich dann in den dreidimensionalen Objekten wiederfindet.

Die Familie der Rottöne wird mit den Kindern gemischt und auf einem großen Papierbogen als Farbpalette aufgebracht. Auf Papptellern wird der gewünschte Farbton großzügig angemischt und dann an alle verteilt. Es macht Spaß, für die verschiedenen Farbnuancen eigene Namen zu erfinden und diese unter den Farbton zusammen mit dem Mischungsverhältnis zu schreiben. Mit Pappstreifen als Malwerkzeug kann man wunderbare Muster anlegen.

Tipp:

Es lohnt, über einen längeren Zeitraum Tonware zu sammeln, um eine möglichst große Vielfalt zu haben. Die Tongefäße sind nicht zum Gebrauch bestimmt.

Materialien:

Geschrühte Tonware, Acrylfarben, Pinsel, Pappteller, Papierbogen, Stifte

Papptellergesichter

Diese Werkstatt ist ebenfalls von den Gesichtsdarstellungen Pablo Picassos inspiriert und bringt ganz eigensinnige Portraits zutage. Sie ist auch eine gute Vorstufe für die Gipsgesichter.

Mit der gemeinsam erstellten Farbpalette werden die Pappteller einfarbig von beiden Seiten grundiert. Die Form und die Konsistenz der Teller bringt es mit sich, dass die innere glatte Fläche mit Ölkreiden gut bemalt werden kann. Der geriffelte Rand bildet einen Rahmen. Es empfiehlt sich, diese Grenzfläche mit einer Linie zu versehen, um die optische Trennung der beiden Flächen zu unterstützen.

Es geht hier nicht darum, das eigene Portrait zu erarbeiten, sondern darum, die Grundformen wie Augen, Nase, Ohren und Mund zu erkunden. Die Eigenständigkeit der entstandenen Werke ist wirklich beindruckend. Die Werke werden als Gruppenarbeit präsentiert.

Tipp:

Eine einladende Farbpalette für die Grundierung unterstützt die Vielfalt der Arbeiten.

Materialien:

Pappteller mit geriffeltem Rand, Acrylfarbe, Gläser oder Teller, Pinsel, Ölkreiden

Holzstangen

Farbgebung, Druck und Zeichnung werden in dieser Werkstatt vereint. Um individuelle Muster zu ermöglichen, werden die Pfähle zuerst mit Kreppband abgeklebt. Dann werden sie ein- oder mehrfarbig grundiert. Nach dem Trocknen wird das Kreppband entfernt und mit einem Stupfpinsel weiße oder schwarze Farbe aufgedruckt. Der Stupfpinsel gibt auf dem Holz wunderbar nach, sodass man Kreisformen problemlos aufbringen kann.

Wenn diese getrocknet sind, wird mit wasserfestem Fineliner in die Kreise gezeichnet oder Formen miteinander verbunden.

Die Holzstangen finden sich gerne in guter Gesellschaft und in größeren Gruppen auf dem Gelände wieder.

Tipp:

Da immer wieder Trocknungszeiten einzuhalten sind, empfiehlt es sich, die Werkstatt auf zwei oder drei nachfolgende Tage zu verteilen.

Das Aufstellen der Holzpfähle geht leichter, wenn man die Löcher mit einem Erdbohrer oder einer Eisenstange vorbohrt.

Materialien:

Holzstangen ca. 2 bis 3 m in unterschiedlichen Längen und Stärken, Acrylfarbe, Farbgefässe, Pinsel, Stupfpinsel, wasserfeste Fineliner

Holzwerkstatt

Inspirationsquelle für diese Werkstatt ist die Figurengruppe »Die Badenden« von Pablo Picasso. Aus Abfallstücken hat der Künstler eigentümliche Skulpturen aus unterschiedlichen Formen geschaffen. Uns geht es nicht darum, diese Skulpturen nachzubilden, sondern aus Resthölzern eigene Formensprachen zu entwickeln. Deshalb ist es im Vorhinein wichtig, viele verschiedene Hölzer zu sammeln: Treibhölzer, Bretter, Dachlatten, Reste aus der Schreinerei, Hölzer mit Patina usw.

Es sollte darauf geachtet werden, eher Weichhölzer als Harthölzer zu verwenden, weil diese genagelt werden können. Harthölzer werden eher geklebt, und da hält nicht jede Verbindung.

Werkzeuge und Materialien sollten vorab gut erklärt werden, um Risiken beim Arbeiten zu vermeiden.

Bevor die Werkstatt gestartet wird, sollten man sich genügend Zeit nehmen, um die Inhalte einer Figur – Form, Größe und Detailgebung – zu studieren.

In der Holzwerkstatt können viele Kinder gleichzeitig arbeiten, es empfiehlt sich aber, die Werkstatt in Gewerke zu teilen, damit die Bearbeitungsschritte übersichtlich bleiben.

Messen

Beim figurativen Arbeiten sollten die Arme und Beine einer Skulptur etwa die gleiche Länge haben. Gehobelte Dachlatten eigenen sich für die Extremitäten besonders. Meterstab oder Lineal, Winkel und Zimmermannsbleistift sind notwendige Werkzeuge, damit genau gearbeitet werden kann.

Tipp:

Neben dem Meterstab sollte auch ein Maßband bereitgehalten werden.

Materialien:

Meterstab, Maßband, Bleistifte

Schleifen

In der zweiten Werkstatt wird geschliffen. Um die Hölzer gut weiterverarbeiten zu können, müssen vor allem die ungehobelten Hölzer geschliffen werden. Außerdem müssen die abgesägten Hölzer ebenfalls geschliffen werden.

Schleifen ist eine ruhige gleichförmige Arbeit, der man genügend Zeit widmen sollte.

Tipp:
Keine Hölzer verwenden, die mit schadstoffhaltigen Farben gestrichen wurden oder die zu schwer sind.

Materialien:
Grob- und feinkörniges Schleifpapier, Tisch, Hölzer je nach Auswahl

ARLT.com

Sägen

Die Hölzer werden zum Bearbeiten aus sicherheitstechnischen Gründen in die Werkbank eingespannt. Dann werden die Sägen ausgeteilt. Besonders eignen sich Puk-, Bügelsäge oder Fuchsschwanz, wenn das Sägeblatt scharf genug ist. Stumpfe Sägen sind gefährlich, weil man bei ihrer Handhabung nachlässig werden kann. In vielen Kitas hat sich der »Werkstattführerschein« bewährt, den Kinder ablegen müssen, um selbstständig mit Werkzeugen arbeiten zu können. Es gibt Kinder, die unendlich lange sägen wollen und darin wahre Meisterschaft erlangen. Lassen Sie es zu.

Tipp:

In der Praxis haben sich die Japansägen bewährt. Diese Sägen kommen der Arbeitsweise von Kindern besonders entgegen, weil sie nur auf Zug sägen.

Materialien:

Werkbank, verschiedene Sägen, Hölzer

Nageln

Nageln ist für Kinder einfacher handzuhaben als schrauben. Zu beachten ist: Ein Nagel hält Werkstücke zusammen, sie sind jedoch noch nicht fest miteinander verbunden. Mit zwei Nägeln aber schon. Die Länge der Nägel sollte den Werkstücken entsprechen.

Tipp:

Eine gute Einführung in die Handhabung von Hammer und Nägeln ist unbedingt notwendig!

Materialien:

Hammer, verschiedene Nagelstärken, Hölzer, Beißzange (falls doch etwas schiefgeht)

Farbe geben

Wenn die Figur gebaut ist, wird sie bemalt. In der Arbeit mit der Gruppe empfiehlt es sich, mit einer Farbfamilie zu arbeiten. Wir haben bei diesem Projekt die Farbe Braun gewählt und festgestellt, dass es gar nicht einfach ist, Brauntöne zu erzeugen. Versuchen Sie es selbst: Grundfarben gemischt erzeugt ein Braun. Weiß und Schwarz hineingemischt, ergibt viele Farbnuancen. Bevor mit der Bemalung der Figuren gestartet wird, sollten Skizzen angefertigt werden, damit die Vielfalt der Umsetzungsvarianten gezeigt werden kann.

Tipp:

Die Figur so hinstellen, dass man sie aus verschiedenen Perspektiven betrachten kann. Das ermöglicht neue Sichtweisen.

Materialien:

Acrylfarben, Gläser, Pappteller, Pinsel

ELL4

Riesenrieselpickelwurm

Schon die Ankündigung fasziniert die Kinder: Einen riesigen pickeligen Wurm zu bauen, und das aus Lehm.

Das erste große Vergnügen ist es, den Lehm zu stampfen und ihn zur Baustelle zu befördern. Dann wird Stück für Stück der Wurm gebaut. Zuerst wird aus Erde eine Form verdichtet. Ein Grundgerüst aus Hasel- und Weidenzweigen hilft dabei, das Wachstum des Wurmes abzuschätzen und ihm die gewünschte Gestalt zu geben. Die Zweige werden in die Erde gesteckt und mit waagrechten Stöcken verbunden. Das Gerüst wird nun mit Hasendraht bedeckt und mit Lehm eingestrichen. Der Hasendraht wird mit einem Drillapparat (Rödler) befestigt, einem wunderbaren Werkzeug aus dem Betonbau.

Es braucht viele Hände, um die fast zwanzig Meter lange Skulptur aufzubauen. Zuletzt werden die Pickel geformt, mit Schlicker verbunden und glattgestrichen.

Nachdem der Lehm oberflächlich getrocknet ist, beginnt am folgenden Tag die Farbgestaltung. In großen Eimern werden dafür Pigmente mit Magerquark und Borax zu einer Kaseinfarbe angerührt. Die Skulptur wird in gleichgroße Flächen aufgeteit, so können alle mithelfen.

Jetzt brauchen wir nur noch ein Feuer, und schon raucht und qualmt es aus dem Schlund des Wurmes.

Tipp:

Diese Aktion ist sehr aufwendig und benötigt dementsprechend ausreichend Vorbereitungszeit. Weil die Materialien schwer sind, braucht es auf der Baustelle gute Transportmittel: abkippbare Anhänger, (Kinder-)Schubkarren, Eimer.

Materialien:

Ca. 500 kg gut modellierbarer Mutterboden, ca. 500 kg Lehm, Stroh, Wasser, Plane, Weiden- und Haselstöcke, Hasendraht, Rödler, Rödeldraht, Pigmente, Magerquark, Borax (alternatv: Sumpfkalk, Soda, Hirschhornsalz – beim Anrühren mit Schutzbrille arbeiten!) Malgefäße, Pinsel

06

Fortune
98

Das Gartenatelier

Das Leben ist zum Leben da –
für: Picknick im Himalaja,
für: eine Katze zum Schnurren bringen,
für: Fortbewegung auf eigenen Schwingen,
für: einen duftenden Pfirsich küssen,
für: wollen wollen statt müssen müssen.

Das Gedicht von Jürgen Spohn begleitet und trägt uns, die Kinder und Erwachsenen aus der Kita Rieselfeld, seit vielen Jahren. Wir haben das Gedicht als Leitmotiv gewählt, weil wir immer wieder neu darüber nachdenken, was Kinder für ihr Großwerden wünschen und brauchen. Dieses Anliegen und die heißen Sommermonate mit vielen Diskussionen darüber, wie man sie am besten nutzt, führten uns 2006 zum ersten Abenteuer »Kunst ohne Dach«. Da nämlich entwickelte ein neugieriges und engagiertes Team der Kindertagesstätte Rieselfeld gemeinsam mit den Mädchen und Jungen das gleichnamige Kunstprojekt auf dem 2.000 m² großen Außengelände der Kita, um den Kindern ideenreich und fantasievoll neue Ausdrucksmöglichkeiten und Freiräume für gestalterisches Arbeiten anzubieten.

Das Ende dieses Projektes war gleichzeitig aber auch der Beginn für viele neue Ideen und eines großen Wunsches aller: Nichts weniger als ein Gartenatelier wollten wir für die Kita – einen Raum für Kunst und kreatives Tun an frischer Luft, um unter lichten Dächern und zwischen offenen Wänden originelle Ideen zu verwirklichen und ausdrucksvollen Gedanken nachzuspüren.

Der Elternbeirat und die Eltern waren von der Idee begeistert: Es wurden Sponsoren gesucht, Mitstreiter aktiviert und Ressourcen gesammelt. Unter der Federführung von BAGAGE e.V. wurde generationenübergreifend das Projekt »Kunst ohne Dach« nachhaltig weiterentwickelt.

Im Jahr 2012 ging der Wunsch in Erfüllung: Unser Gartenatelier wurde eingeweiht, und es ist zu einem von allen sehr geliebter Ort geworden, der ungeahnte und wandelbare Möglichkeiten für die kulturelle Bildung bietet und diese so zu einem unübersehbares Profil unseres Hauses geworden ist.

Wir freuen uns sehr, dass das Projekt »Kunst ohne Dach« immer wieder viele Menschen und neue Ideen zusammenbringt und dieses wunderbare Buch entstanden ist. Ohne langen Atem, großzügige Unterstützung und das wohlwollenden Engagement aller Akteure wäre das Projekt »Kunst ohne Dach« nie so erfolgreich geworden.

Unser besonderer Dank gilt:

- den Mädchen und Jungen der Kita für ihre Neugier und ihre Freude mit der sie bei »Kunst ohne Dach« dabei sind;
- den Eltern, die unsere Projekte in vielfältiger Form unterstützen, und die Kunstwerke der Kinder zu schätzen wissen;
- dem Elternbeirat, der die Projektwochen unermüdlich unterstützt;

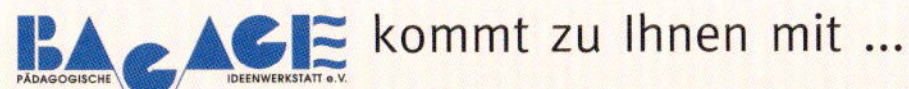

kommt zu Ihnen mit …

Kunst ohne Dach

Eine Mitmachaktion in Ihrer Einrichtung mit dem ErzieherInnenteam unter Einbeziehung von bis zu 50 Kindern

Wie wäre das Außengelände Ihrer Einrichtung als neuer Wirkungsraum für schöpferisch-kreatives Arbeiten? Zwei Tage unter freiem Himmel malen, bauen, gestalten und mit den vier Elementen die Möglichkeiten des künstlerischen Arbeitens im Außenbereich neu entdecken: Wir führen die Werkstätten so ein, dass mehrere Aktionen parallel laufen können. Vorab klären wir, mit welchen Materialien wir arbeiten und wie der Tagesablauf aussieht.

Ziel ist es, den natürlichen Freiraum zu nutzen, um großflächig und dreidimensional zu gestalten und reizvolle Spuren im vertrauten Gelände zu hinterlassen. Die Reflexion am Ende des Tages dient auch möglichen Zukunftsvisionen, um die Prozesse weiterzuverfolgen.

Neugierig? Fordern Sie weitere Informationen und Details bei uns an: www.bagage.de

- dem Förderverein der Kita Rieselfeld e.V., der kulturelle Bildung und Teilhabe von Kindern zum Ziel hat und sich an »Kunst ohne Dach« großzügig beteiligt;
- der Steuerungsgruppe für rastlosen und unverzagten Einsatz während der Projektwochen;
- den Erzieherinnen und Erziehern, die sich für »Kunst ohne Dach« gemeinsam mit den Kindern auf die neue Erfahrungen einlassen haben;

- dem BAGAGE e.V. für die jahrelange kreative und immer konstruktive Kooperation und
- allen, die immer daran geglaubt haben, dass unsere Kita einmal ein Gartenatelier haben wird.

Claudia Frey,
Leiterin der Kindertagesstätte Rieselfeld

Die Kita Rieselfeld für 120 Kinder im Alter von 1 bis 10 Jahren ist eine Einrichtung der Stadt Freiburg.
Mehr unter: www.freiburg.de/pb/,Lde/228428.html

BAGAGE e. V.

1992 gründeten Udo Lange und Thomas Stadelmann die Pädagogische Ideenwerkstatt BAGAGE e.V. in Freiburg. Ihre Beteiligungsaktionen und Bau-Happenings verändern die Spiellandschaft im deutschsprachigen Raum und hinterlassen eine Vielzahl sinnlicher Spuren. Praxisorientierte Seminare, Werkstätten und Workshops für Menschen, die im Berufsalltag mit Kindern und Jugendlichen arbeiten und nach kreativen Ausdrucksmöglichkeiten suchen, bilden einen weiteren Schwerpunkt der Arbeit.

Zu BAGAGE e.V. gehören Pädagogen, Künstler, Architekten und Handwerker, die eine neue Kultur des Lernens propagieren. Im fachübergreifenden Austausch entwickeln sie Fragen, denen sie in der Arbeit nachgehen: Was hat Lernen und Bildung mit ästhetischer Erfahrung zu tun? Wie unterstützen und provozieren künstlerische Ausdruckstechniken die Entwicklung und Verfeinerung unserer Wahrnehmung? Wo sind Kinder besonders ausdrucksstark und authentisch? Welchen Beitrag kann die Kunst außerhalb der klassischen Bildungstempel leisten?

Die Achtung vor der unverwechselbaren Persönlichkeit des Menschen und die Suche nach der eigenständigen Identität und Kultur von Kindern und Jugendlichen bestimmen die bunte Ideenwelt und die erfahrungsorientierten Angebote der Pädagogischen Ideenwerkstatt in Freiburg. Der rege Austausch in den Seminaren und der Wunsch, künstlerische Erfahrungen zu vertiefen, führten

schließlich dazu, dass eine berufsbegleitende Weiterbildung zur Atelier- und Werkstattpädagogik in Zusammenarbeit mit BAGAGE e.V. konzipiert wurde. In diesem langfristigen Ausbildungsprojekt stehen nicht nur der pädagogische Transfer und die Vermittlung schöpferisch-kreativer Gestaltungstechniken im Vordergrund, sondern vor allem das Entdecken des eigenen Kreativitätspotenzials und die Entwicklung künstlerischer Ausdrucksfähigkeit. Die Absolventen der Ausbildungsgruppen sind zum einen als qualifizierte Multiplikatoren in der kunstpädagogischen Praxis tätig, verstehen sich aber auch als Lobbyisten und setzen sich an ihren Orten mit künstlerischen Ausdruckmitteln für das Selbstbestimmungsrecht von Kindern und Jugendlichen ein.

Wenn Sie an weiteren Informationen interessiert sind, wenden Sie sich bitte an:
Pädagogische Ideenwerkstatt BAGAGE e.V.
Habsburgerstraße 9
79104 Freiburg
Tel.: 0761/55 57 52
Fax: 0761/5 21 29
Internet: www.bagage.de